AF226721

LE PROGRÈS

DANS LA RÉACTION

RÉFLEXIONS D'UN SIMPLE ROTURIER SUR LA BROCHURE

la Réaction

Par P. HÉBERT.

PRIX : 50 CENTIMES

EN VENTE

CHEZ LES LIBRAIRES D'ALGER.

--

Janvier 1860.

LE PROGRÈS

DANS LA RÉACTION

LE PROGRÈS

DANS LA RÉACTION

RÉFLEXIONS D'UN SIMPLE ROTURIER SUR LA BROCHURE

la Réaction

Par P. HÉBERT.

PRIX : 20 CENTIMES

EN VENTE

CHEZ LES LIBRAIRES D'ALGER.

—

Janvier 1860.

Lorsque le comité de salut public tomba le 9 thermidor, sous la réprobation unanime de la Convention, à qui l'excès de la peur donna un jour de courage, les terroristes, vaincus, voyant leur perte assurée, s'écrièrent que la France était perdue avec eux. C'est, en effet, une erreur assez commune chez les hommes politiques de s'exagérer leur importance, d'absorber la patrie dans leur personne, de croire que les destinées d'un pays sont fatalement liées à leurs destinées, et de dire, comme Louis XIV, avec la sincérité de l'orgueil : l'Etat, c'est moi !... Faut-il croire, comme certaines rumeurs le donnent à penser, que l'*Algérie nouvelle* s'est trompée de la même manière ; que, près de périr pour avoir été trop violente et trop partiale dans sa polémique, trop ambitieuse dans sa publicité, elle prétend emporter avec elle la fortune de la Colonie, et s'imagine que nous ne saurions lui survivre ? Ainsi s'expliquerait le cri de détresse jeté par son rédacteur en chef, dans une brochure récente, que l'on regarde à tort ou à raison comme le testament du journal.

La jeune ardeur de M. Clément Duvernois ne connaît point d'obstacles. Articles de journaux, brochures, volumes même, il a tout abordé et avec une audace digne peut-être d'une meilleure cause. Les hommes de sang-froid et d'expérience pensent que la presse militante demande une préparation plus longue, qu'un talent réel peut avorter en se produisant trop tôt, et que le meilleur fruit, cueilli avant son heure, choquera par une certaine âcreté ; mais les hommes de parti n'exigent d'un écrivain, que la hardiesse et la passion, dût la hardiesse devenir paradoxale et la passion injuste. M. Duvernois, si nous ne nous trompons dans notre jugement, nous paraît avoir travaillé pour les hommes de parti plutôt que pour les hommes de conviction.

C'est pour eux encore qu'il a publié sa dernière brochure intitulée *La Réaction*, profitant d'une crise pénible, irritant des douleurs déjà trop vives, sonnant l'alarme, au moment d'une panique et criant tout est perdu à des gens qui ne sont que trop portés au découragement. On obtient ainsi un succès de bruit, sinon d'estime.

Quand le cri de la passion a retenti, la voix calme de la raison ne saurait guère éveiller autant d'échos : elle doit pourtant se faire entendre ; et voilà pourquoi nous allons essayer de relever quelques-unes des erreurs volontaires de M. Clément Duvernois, et de réduire à leur juste valeur ses descriptions exagérées.

On a raillé l'auteur de *La Réaction* d'avoir adressé sa philippique sous forme de lettre au prince Napoléon ; c'est discuter avec un marchand sur la forme de son enseigne. Le prince Napoléon n'est pas pour cela le correspondant de M. Duvernois, car ce qui fait le correspondant, c'est la réponse ; or, le Prince n'a pas répondu à la première et ne répondra pas certainement à la seconde.

Chicane de détail, d'ailleurs ; la présomption est presque toujours l'apanage de la jeunesse.

Ce qui est plus contestable, c'est la prétention de confondre l'*Algérie nouvelle* avec le Programme de Limoges, d'être l'interprète des pensées du prince, le défenseur avoué de ses plans, l'unique apôtre du progrès ; c'est de présenter les adversaires d'un journal comme les adversaires audacieux de Son Altesse Impériale, les ennemis qu'on s'est fait comme des ennemis du Prince, en vertu de ce raisonnement déjà connu :

Qui n'aime pas Cotin n'estime pas son roi,
Et n'a, selon Cotin, ni Dieu, ni foi, ni loi.

Lorsque le discours de Limpges fut prononcé, il eut dans la colonie un immense retentissement. Ce programme libéral, grandiose, généreux, était pour elle gros de promesses et d'espérances. Il ne se trouva personne pour combattre ces belles théories, non par crainte du Prince, qui eût été bien fâché d'inspirer ce sentiment, mais parce qu'en effet on eût eu mauvaise grâce à contester de pareils principes. Quelques vieux administrateurs seuls disaient que l'application de ces principes n'était pas chose facile, que la tentative était prématurée, qu'il ne fallait pas aller trop vite, de peur d'être obligé de revenir en arrière; que le programme enfin avait besoin de la sanction de l'expérience. On les traita comme les Troyens traitaient Cassandre, et l'on se mit aveuglément à l'œuvre d'une démolition générale. Aujourd'hui les faits ont prononcé : Cassandre avait raison : le programme de Limoges reste entier ; mais la date est à changer ; les promesses sont ajournées, non retirées ; M. Duvernois, qui feint le désespoir, est d'âge encore à les voir s'accomplir.

Qu'il se rassure !

Mirabeau comparait jadis les Français à ces enfants qui sèment un grain en terre et le lendemain se hâtent de creuser pour voir si leur grain a germé. Nos jeunes progressistes, puisque tel est le nom peu harmonieux qu'ils ont usurpé, ont fait comme les grands enfants que peignait si bien l'illustre orateur. Le Programme était à peine publié qu'il fallait le mettre à exécution dans toute l'étendue de la colonie ; les promesses faites devaient être tenues aussitôt ; cet avenir qu'on leur annonçait, ils entendaient que ce fût le présent. Rien de plus, rien de moins.

Cependant, les difficultés se révélaient tous les jours, et le Prince-Ministre, mieux qualifié néanmoins que tout autre pour triompher des obstacles, était obligé de calmer lui-même l'ardeur impatiente de ses partisans. Le ministère nouveau, improvisé rapidement, composé d'hommes étrangers jusqu'alors les uns aux autres, quelques-uns étrangers aux affaires administratives, trouvant peut-être une certaine opposition ou tout au moins de l'inertie chez les autres ministères aux dépens desquels il s'était formé, fonctionnait avec une lenteur regrettable ; l'expédition des affaires civiles n'allait pas à beaucoup près aussi vite qu'au temps de l'ancien régime ; des plaintes s'élevaient de toutes parts.

Un journal venait de se fonder qui, se donnant pour l'interprète d'une haute pensée, la trahissait au lieu de la traduire, suivant le proverbe italien ; attaquait avec violence le passé de la colonie, hommes et choses, tranchait du maître et régentait la préfecture.

Les premières mesures importantes arrêtées par le ministre comme corollaires du programme, donnaient dans la pratique des résultats inattendus, et l'inquiétude commençait à gagner les hommes d'expérience, lorsque des événements politiques étrangers à l'Algérie amenèrent la démission du Prince Napoléon.

Grande surprise, grand émoi dans l'Algérie. Le coup était grave pour ces prôneurs inintelligents du Programme de Limoges qui l'avaient compromis par leurs commentaires ; grave pour de malheureux colons, pour des négociants dont ils avaient, outre mesure, exalté les espérances ; il étonna, sans les affliger, beaucoup de gens qui doutaient du succès de cette tentative trop radicale et trop prompte, tout en rendant justice aux intentions généreuses du Ministre. Pourquoi ne pas dire la vérité, même à un Prince ? Il y a des échecs, d'ailleurs, qui ne sont pas sans gloire.

M. de Chasseloup-Laubat fut nommé Ministre de l'Algérie parce qu'il réunissait et la haute confiance de l'Empereur et les sympathies du Prince Napoléon. C'était une mission délicate à remplir, un rôle sérieux, utile, nécessaire et demandant beaucoup de qualités, dont la moindre était le dévouement.

M. de Chasseloup-Laubat ne se contenta point des rapports écrits qui arrivaient à son ministère ; il voulut voir de ses yeux, entendre de ses oreilles, et comme témoignage de ses bonnes intentions, il se rendit en Algérie. M. Clément Duvernois nous a fait, de ce voyage, une narration plus piquante que convenable. Il reproche au Ministre d'avoir écouté les personnages officiels, les hauts fonctionnaires ; cependant il est bien naturel, quand on arrive dans

un pays, d'entendre ceux qui sont à la tête, un Évê-
que, un Commandant en chef, ne fût-ce que par po-
litesse. M. de Chasseloup-Laubat a vu aussi desno-
tabilités industrielles et commerciales ; il a vu M. le
Maire, notre nouvel administrateur, à peine sorti des
rangs de la population non officielle, assez indépen-
dant, par position et par caractère, pour dire des
vérités utiles ; il a vu M. le Préfet, l'homme du Programme de Limoges, alors littéralement gouverné par
les amis politiques de M. Clément Duvernois ; il a
même vu les rédacteurs de l'*Algérie nouvelle* dans le
cortége qui venait le recevoir ; il eût pu, à la vérité,
les entendre, mais il paraît que c'était assez pour lui
de les lire.

À la suite de cette visite ministérielle abrégée par
l'Empereur lui-même, des décrets importants furent
rendus ; l'un par lequel l'autorisation accordée aux
Européens d'acquérir des propriétés en territoire
arabe était retirée ; l'autre qui rétablissait à peu de
chose près, la responsabilité collective des tribus.
Ces deux décrets constituent les deux chefs d'accu-
sation principaux de M. Duvernois contre le nouveau
ministère. Le rédacteur en chef de l'*Algérie nouvelle*
croit-il que l'influence seule des bureaux arabes, cou-

tre lesquels il insinue ses soupçons ordinaires, a provoqué la première mesure ?

Quand on a vu quelques spéculateurs hardis profitant d'un moment où l'argent était rare, où la concurrence était dérisoire, acheter à vil prix des cantons entiers sur des titres équivoques, sources de discussions et de procès pour l'avenir, quel administrateur sage n'aurait pris l'alarme ? En principe, le système des ventes paraît évidemment supérieur à celui des concessions ; mais il faut que la vente soit faite dans des conditions normales ; car la concession, si vicieuse qu'elle puisse être, réserve au moins quelque chose à l'Etat, qui contrôle et peut reprendre son bienfait si le bénéficiaire ne remplit pas les conditions exigées ; tandis que la vente donne un titre définitif, irrévocable. Or, dans les circonstances où la mesure ministérielle avait été prise, l'autorisation d'acquérir, accordée aux Européens, allait en peu de temps mettre une grande partie du territoire entre les mains de quelques hauts barons, qui ensuite l'auraient détenu ou abandonné, selon leur intérêt, vendant parcelle par parcelle, à leur heure, à leur mot ; l'Etat aurait ainsi aliéné sa propriété, sa conquête, pour une rémunération presque ridicule et laissé les petits colons à la merci de quelques grands propriétaires.

La responsabilité collective des tribus n'a jamais été considérée que comme une mesure de nécessité, de salut public en quelque sorte. On protége ainsi la population européenne peu nombreuse contre les indigènes qui ne sont point aussi inoffensifs que M. Duvernois se plaît à les peindre. Libre à lui de se fier entièrement à des vaincus à peine domptés, auxquels le ressentiment, la religion, commandent la haine, et qui ne connaissent d'autre frein que la crainte. Les faits ont prouvé que les Arabes étaient soumis, non ralliés, et qu'il faudrait quelque temps encore avant de pouvoir, sans inconvénient pour nous, les faire jouir tous du bénéfice de nos lois. Les conseils de guerre de Constantine, les troubles de Boghar, les graves désordres qui ont amené l'expédition du Maroc, une foule de symptômes signalés par les rapports particuliers et résumés dernièrement par M. le général en chef de Martimprey, établissent pour tout le monde, excepté pour les esprits prévenus, que le jour de la sécurité n'est pas venu encore et que l'armée doit rester en Algérie, l'arme au bras, en attendant le moment propice où elle pourra remettre le territoire à la surveillance des six mille gendarmes coloniaux que nous a proposés le journal des progressistes.

M. Duvernois peut faire sonner bien haut les mots d'équité, de principes sacrés ; les hommes pratiques pensent encore qu'il est des cas où le droit absolu doit fléchir devant la nécessité : *summun jus, summa injuria.*

Unification ! grand mot, dernier mot de M. Duvernois.

Utopie, chimère, pour bien des années encore.

Les bureaux arabes, l'administration militaire, le régime exceptionnel, personne ne soutiendra qu'ils doivent être éternels ; mais personne ne serait assez hardi pour les supprimer d'un seul coup de La Calle à Nemours et de la côte à Laghouat. Sur la plus grande partie du territoire, nos lois civiles, soutenues par des autorités purement civiles, nos lois, si belles qu'elles puissent être, seraient sans action efficace. Appliquez le code de procédure parmi les tribus de l'intérieur. La justice régulière et lente par là même, qui marche *pede-claudo*, comme dit le poète, arrive souvent trop tard ; elle ruine souvent celui qui implore son secours. La justice sommaire frappe vite, fort et loin ; elle seule se fait respecter de l'Arabe peu initié à nos mœurs, et pour qui le respect, c'est la crainte ; elle pourra être arbitraire, nul ne le nie ; mais elle ne sera pas impuissante, ce qui est le pire défaut aux yeux des indigènes.

De récentes expériences ont prouvé que dans l'agrandissement du territoire civil on ne doit procéder qu'avec circonspection si l'on veut éviter une perturbation générale. La perception des contributions et des rentes jadis prompte et facile, ne se fait plus ou fort mal, dans les cantons récemment soustraits à l'autorité des bureaux arabes ; les administrations financières pourraient donner là-dessus à M. Duvernois les renseignements les plus édifiants. Il n'est donc point étonnant qu'on mette une certaine lenteur à accroître les arrondissements régis par des sous-préfets et soumis au régime civil.

L'auteur de la brochure à laquelle nous répondons se plaint amèrement de deux faits fort significatifs, il est vrai, mais dont il n'explique pas bien le sens selon nous, la prohibition de la fameuse pétition, et la retraite de l'honorable M. Géry.

D'où partait la pétition et qui l'a signée ? Elle venait de Paris toute préparée et on l'a présentée ainsi comme spécialement recommandée à la population algérienne qui n'y songeait pas.

Quels ont été les signataires de cette pétition ?

D'abord, les adhérents de l'*Algérie nouvelle*, qui la prônait, ban et arrière-ban, gens de parti qui ne laissent jamais échapper l'occasion de faire une manifestation. Puis un certain nombre de négociants et de colons qui, voyant les affaires en souffrance, pensaient très sincèrement que le Prince seul avait assez d'influence pour tirer du budget français les sommes indispensables à l'exécution des grands travaux que demande la colonie. Puis quelques gens, fort honnêtes sans doute, dont les vœux peu raisonnés, peu réfléchis, demandaient un changement quelconque, comme les malades qui, fatigués de souffrir sur un flanc, se retournent pour souffrir sur l'autre, sans être bien sûrs de trouver un soulagement réel. Beaucoup de signatures, soumises à un certain contrôle, auraient dû être annulées, parce que la manière de les recueillir ne présentait pas toutes les garanties désirables. S'il eût fallu les peser au lieu de les compter, la valeur de la manifestation aurait été singulièrement diminuée ; car le recrutement ne se faisait pas dans la partie la plus éclairée de la population.

Les cabarets de la rue de la Marine étaient les en-
droits où l'on signait avec le plus d'enthousiasme.

Quoiqu'il en soit, les pétitionnaires n'avaient pas
prévu une chose, ou plutôt les promoteurs de la pétition avaient oublié de les prévenir. Cette pétition
était un reproche pour le Ministre en exercice, comme le laissaient entrevoir certaines phrases de la ré-
daction primitive, corrigées trop tard ; elle affec-
tait en outre, sans s'en douter peut-être, la prétention d'être une leçon pour le Gouvernement. Or, le
Gouvernement' impérial n'a l'habitude de recevoir
des leçons de personne ; et les colporteurs de listes
durent interrompre leurs tournées. L'*Algérie nouvelle* seule put se consoler de l'échec en rangeant
tous les signataires au nombre de ses adhérents ; que
n'a-t-elle pu les inscrire parmi ses abonnés !

La retraite de M. Géry fut pour les progressistes
un coup sensible, il est vrai, mais beaucoup moins
qu'il n'affectent de le dire, car l'honorable Préfet
commençait à leur échapper au moment où il nous
quitta. Il n'est personne qui n'ait rendu justice à ses
qualités personnelles, à son zèle, à ses intentions ;
mais venu en Afrique avec des idées préconçues, un
siége tout fait, il eut encore le malheur d'être enve-

loppé, dès le début, par une coterie exclusive et servit un parti au lieu de les dominer tous. Après les graves mesures prises par M. de Chasseloup-Laubat, la position de M. Géry devenant de plus en plus difficile à Alger, il dut rentrer en France, laissant peut-être un meilleur souvenir à ses adversaires qu'à ses prétendus amis, qui ne trouvaient plus en lui l'instrument docile qu'ils avaient d'abord exploité, et qu'ils ont ensuite compromis.

Nous n'avons pas encore fini avec les plaintes amères de M. Duvernois contre l'administration nouvelle. A l'en croire, la police secrète aurait été pour la première fois organisée en Algérie. Si la chose est vraie, à coup sûr elle n'est pas vraisemblable. Quelle influence notre colonie lointaine peut-elle avoir sur la politique intérieure de la France, pour que l'on prenne de pareilles précautions? Comment admettre qu'une chose regardée comme inutile au début de l'Empire, alors que l'Algérie était encombrée de transportés, aura paru nécessaire quand la stabilité de nos institutions impériales n'est plus contestée, quand la plupart des hommes jugés dangereux nous ont quitté, au lendemain même de l'amnistie? à moins de penser que le gouvernement fait de la police pour la police, comme on fait de l'art pour l'art. M. Duvernois aura beau dire : prenez garde à vous! nous doutons qu'il parvienne à faire partager ses terreurs.

Une plainte mieux fondée en fait, c'est celle qui est relative à la liberté de la presse. Les préfets ont été de nouveau armés d'un pouvoir que le ministre précédent se réservait pour lui seul. Mais il est aisé de voir que ces hauts fonctionnaires, se conformant aux recommandations ministérielles, n'usent de leur prérogatives qu'avec une sage circonspection. La presse jouit encore d'une liberté fort raisonnable, témoin l'*Algérie nouvelle* ; en vain M. Clément Duvernois se dit bâillonné ; en le lisant, il est difficile de le croire.

A qui la faute d'ailleurs, si M. de Chasseloup-Laubat a cru devoir prendre cette mesure préventive? La presse algérienne depuis quelques mois, semble une arène, un champ clos, où les invectives, les accusations exagérées, les calomnies les plus perfides remplacent la discussion loyale et sérieuse.

Et qui a commencé la lutte? N'est-ce pas le journal même des progressistes ? N'est-ce pas M. Duvernois qui s'est annoncé comme le réformateur des abus, comme le grand exécuteur du passé, comme l'épouvantail de tous les hommes de la vieille Algérie, comme l'Hercule qui venait nettoyer les écuries d'Augias ? Pourquoi donc appeler si légèrement les accusations, les réclamations de toute espèce? Pourquoi présenter l'administration entière comme suspecte, comme hostile aux administrés? Pourquoi faire de la boîte d'un journal une sorte de bouche de Venise, qui pour une plainte légitime est exposée à recevoir cent calomnies? La feuille dont nous parlons paraît s'être amendée depuis, par prudence ou par justice; elle est devenue plus réservée au fond, plus convenable dans la forme ; mais le ton était donné; d'autres feuilles ont répondu, et, sans vouloir justifier les écarts de personne, il faut bien reconnaître que le tort le plus grave est à ceux qui ont provoqué.

Cette violente polémique des journaux a déjà produit des résultats déplorables. Il était difficile, en effet, que les lecteurs restassent indifférents entre les écrivains. Le journal conservateur n'a eu qu'à imprimer une sorte de sermon dans lequel un auteur malheureux s'avisait de faire de la morale aux Algériens, et voilà la guerre allumée. Pour avoir dit que notre colonie, comme toutes les autres, comptait un certain nombre d'habitants qui n'étaient point tout-à-fait irréprochables, on le traite d'insulteur public. Cette grande colère de M. Duvernois, trop virulente pour être bien sincère, trahissait l'homme de parti qui saisit des prétextes à défaut de raisons contre ses adversaires, et la preuve qu'il n'y avait pas là autre chose qu'un prétexte, c'est la complaisance avec laquelle il est revenu sur ce sujet, heureux que le hasard lui eût fourni une arme. Les Algériens sensés ont pu trouver l'homélie de l'*Akhbar* ennuyeuse ; mais ils ont dû bien rire du certificat de moralité délivré à la colonie en masse par M. Duvernois.

Heureusement l'agitation est restée à la surface. Après une émotion passagère qui faillit un moment nous séparer en deux camps, tout est rentré dans l'ordre accoutumé. L'armée, choquée d'abord du langage des écrivains progressistes, a dédaigné leurs vaines déclamations. La population civile continue à vivre avec elle en bonne intelligence ; tout le monde comprend que la concorde nécessaire partout l'est encore davantage dans une colonie.

La concorde, l'union de tous les esprits, de tous les sentiments, de tous les efforts, telle est, en effet, la loi que nous devons nous imposer. M. le général Yusuf a prononcé dans ce sens, au Conseil général, un discours significatif que les amis de M. Duvernois auraient mieux apprécié si l'esprit de parti ne rendait injuste.

Mais non! Il faut entretenir le trouble, éveiller les défiances, allumer des haines. Il faut présenter tous les fonctionnaires comme des ennemis du progrès, l'administration comme un génie malfaisant qui plane sur la colonie; il faut faire croire à une vaste conspiration dont le Ministre est la dupe et l'Algérie la victime.

Sans provoquer dans la colonie une agitation politique et morale, au moins intempestive, n'était-ce point assez de la crise commerciale dont elle souffre depuis dix-huit mois? Nous n'admettons qu'avec restrictions le tableau navrant tracé par M. Duvernois; mais il serait absurde de nier le mal, s'il est dangereux de l'exagérer. L'agriculture languit; le commerce est paralysé; la colonisation a ralenti son mouvement. Pourquoi? Parce qu'on a suspendu de grands travaux pour les remplacer par de plus grands projets; parce qu'on a arrêté le mouvement sous prétexte de le précipiter, parce qu'on a lâché une proie sûre pour une ombre difficile à saisir, mais qui semblait bien plus considérable.

Le chemin de fer commencé a été interrompu : l'exécution d'une foule de projets s'est trouvée ajournée ; quelques-uns même ont été oubliés ou perdus, en passant dans les cartons d'un nouveau ministère.

En outre, les nécessités politiques ont retiré une partie de l'armée qui compte pour une grande part dans la consommation et, par conséquent, dans le mouvement commercial de la colonie.

De là l'incertitude, puis l'inquiétude, puis la panique, les ressources taries, le crédit resserré, des désastres rapides, comme il arrive toujours dans les colonies où le commerce n'a pas des fondements solides en raison des édifices qu'il construit à la hâte. C'est une crise pénible, une transition difficile ; l'expérience a coûté cher ; mais l'Algérie, qui a déjà vu d'aussi mauvais jours. n'est pas perdue pour cela. Que lui faut-il en effet pour la sauver comme pour la compromettre ? Peu de chose. La reprise des travaux, le concours de l'armée vont ramener les travailleurs, diriger de nouveau vers nous le courant de l'émigration. En quelques mois les pertes peuvent être réparées.

Toute la question est de savoir si le ministère actuel sera assez fort pour triompher des résistances, pour emporter de haute lutte les crédits nécessaires à la prospérité de notre établissement. Quoiqu'en dise M. Duvernois, c'est encore le budget français qui sera pour quelque temps la plus sûre de nos ressources. Il y a dans notre sol d'immenses richesses enfouies, mais à l'état de promesses seulement ; pour les en tirer il faut l'argent et les bras de la France.

La preuve que la colonie ne saurait se suffire, même quand on la laisserait disposer à sa guise de tout ce qu'elle renferme, c'est que les compagnies qui se présentent pour soumissionner les grandes entreprises, outre des tarifs exceptionnels, demandent toujours la garantie de l'Etat. Des routes, des ports, des chemins de fer, il est très aisé d'établir la nécessité de les créer en Algérie. Mais qui paiera ? La France. Qui en profitera ? Nous d'abord ; la France, peut-être. Croit-on qu'il n'y ait pas à réfléchir quand on entend parler sans cesse de nouvelle patrie, de nationalité particulière, quand les progressistes font appel à l'émigration de tous les pays, quand ils prétendent constituer un peuple à part, quand ils vantent sans cesse le bonheur de l'Amérique indépendante, du Canada, sujet de l'Angleterre. Ces théories peu nationales n'ont-elles pas de quoi alarmer les hommes d'Etat qui voient et doivent voir avant tout l'intérêt français au-delà de la Méditerranée. L'Algérie est une colonie, sans doute ; mais elle est aussi une position maritime et militaire importante en face de Toulon, entre Malte et Gibraltar. Supposez le rêve des amis de M. Duvernois réalisé, notre sol peuplé, fécondé, notre pays capable de pourvoir à tous ses besoins, doté d'une administration indépendante, presque sans lien avec la métropole ; comment accueillera-t-il le Gouvernement français s'il prétend tirer parti de sa conquête, recueillir ce qu'il aura semé ? L'exemple des États-Unis est là pour répondre. Sans doute la France est placée de façon à contenir, en temps ordinaire, l'esprit d'indépendance, s'il voulait aller jusqu'à la séparation. Mais dans le cas d'une guerre européenne (et il faut tout prévoir), comment compter sur cette colonie formée de toutes races, où le sentiment du patriotisme français sera presque effacé, et qui, si elle n'appelle pas l'Anglais, ne s'imposerait guère de sarifices pour le repousser?

Quelle immense déception si on avait dépensé pendant de longues années le sang et l'argent de la

France pour créer un établissement qui ne profiterait pas à la France ou profiterait à ses adversaires ! Voilà pourquoi Paris veut se réserver la direction de l'ensemble et même des détails de nos affaires, avoir les yeux et le bras partout ; voilà pourquoi, tout en faisant des routes dans l'intérieur, il établit des batteries sur les côtes, il élève des fortifications pour appuyer l'armée qui lui répond de sa conquête. Et si l'on crée un gouvernement colonial, ce gouvernement, n'en déplaise à M. Duvernois, sera plutôt militaire que civil, parce qu'un général paraîtra toujours un gardien plus sûr contre les Indigènes et contre les étrangers.

Mais laissons l'avenir et les hypothèses, et revenons au présent. En résumé, qu'a-t-on fait en Algérie, depuis le mois de juin 1858 ? Le ministère du prince Napoléon a tenté une expérience séduisante par sa hardiesse même, mais qui n'a point réussi ; le ministère qui lui a succédé est revenu au point de départ ; il s'agit maintenant de se reporter en avant, en suivant la méthode lente et régulière qui ne va pas vite, mais ne recule jamais.

L'Algérie va grandir, non point par elle seule et pour elle seule, comme le rêvent certains utopistes, mais par la France et pour la France. Elle entrevoit déjà la fin de la crise qui a été pour elle si douloureuse, mais pendant laquelle elle n'a point désespéré, quoi qu'en dise M. Duvernois. Son salut ne tient pas à un homme, à un programme. Ce qui est perdu et ce que les gens sensés ne regretteront point, c'est le journal qui a compromis le progrès, si le progrès véritable pouvait l'être ; ce qui est perdu, c'est le rôle ambitieux que prétendait jouer son rédacteur en chef, regardé aujourd'hui par les colons comme un ami maladroit et dangereux.

Trève aux diatribes, aux philippiques, aux déclamations, aux dénonciations, aux chimères ; assez d'agitation stérile ; assez de soupçons et de haines ; le travail et la concorde !

Nous avons souffert, c'est vrai : mais nous ne sommes pas encore assis sur nos ruines, pour qu'on nous chante les *Lamentations de Jérémie*. L'auteur de la *Réaction* est libre de se poser en O'Connell ; mais l'Algérie n'est pas l'Irlande.

FIN.